W0078140

Marion Dawidowski

Riesengroße
Laubsägearbeiten

AUGUSTUS

Inhalt

Material und Hilfsmittel

Die hier gezeigten Laubsägefiguren begleiten Sie zu jeder Jahreszeit in der Wohnung, auf dem Balkon oder im Garten.

Durch ihre einfachen Formen sind alle Figuren leicht nachzuarbeiten. Aufgesetzte Elemente und bewegliche Arme sorgen für eine besondere, dreidimensionale Wirkung.

Bevor Sie mit der Arbeit beginnen, sollten Sie sich die folgenden Seiten gut durchlesen.

ten, wählen Sie wasserfest verleimtes Sperrholz.

Farben
Acryllacke auf Wasserbasis sind nach dem Trocknen wasserfest. Lasurähnliche Effekte erzielen Sie, wenn Sie die Farben mit Wasser verdünnen. Für den Außenbereich werden die Modelle zusätzlich mit einem wetterbeständigen Klarlack versiegelt. Besonders die naturbelassenen Teile der Figuren (Gesicht und Hände) würden anderenfalls aufquellen und dunkel werden. Acryllacke erhalten Sie in Farbenfachgeschäften, Baumärkten oder als Bastelfarbe im Hobbybedarf. Für sehr dünne Linien oder Gesichtszüge bieten sich auch Lackstifte in unterschiedlichen Stärken an.

Rundholzstäbe und Holzdübel
Beides erhalten Sie in verschiedenen Durchmessern in Baumärkten. Für einige Modelle benötigen Sie zusätzlich

---

Material

Pappelsperrholz (10 mm stark)
Holzdübel
Rundholzstäbe
Holzleim
Farben
Evtl. Lackstift

Das Holz
Sperrholz besteht aus dünnen Furnieren, die kreuzweise übereinander geleimt sind. Es wird in verschiedenen Holzarten angeboten. Für die Figuren in diesem Buch habe ich Pappelsperrholz verwendet. Es ist hell, leicht, kurzfaserig und läßt sich gut sägen. Möchten Sie ein Modell für den Außenbereich arbei-

kleine Stücke Kiefernholz. Fragen Sie in Tischlereien oder Baumärkten nach preiswerten Resten.

Holzleim
Er dient zum Verbinden der Einzelteile. Für den Außenbereich benötigen Sie wasserfesten Leim. Holzleim erhalten Sie im Baumarkt, teilweise auch im Bastelgeschäft.

Hilfsmittel

Transparentpapier
(Butterbrotpapier)
Kohlepapier, Bleistift
Lineal (Meterstab)
Dekupiersäge / Laubsäge
Evtl. Presspappe
Sägeblätter für Holz
Bohrmaschine
Bohrständer
Holzbohrer (4–14 mm Durchmesser,
  40 mm für Teelichter)
Schmirgelpapier (Körnung 150)
Schraubzwingen
Markierungshilfen (Pinns)
Pinsel
Evtl. Wachsmalstift in Rot
Evtl. weiches Tuch

Die Laubsäge
Elektrische Laubsägen (Dekupiersägen) gibt es in verschiedenen Ausstattungen und Preislagen in Baumärkten und Werkzeugfachgeschäften. Bei den in diesem Buch gezeigten, großen Motiven sollten Sie darauf achten, dass die

Sägetiefe, also der Abstand zwischen Sägeblatt und der Befestigung des Sägearmes am Motorgehäuse, möglichst groß ist.

Zur Ausstattung einer Handlaubsäge gehören der Laubsägebogen und das Sägetischchen mit einer Schraubklemme. Sie erhalten Handlaubsägen ebenso wie dazugehörige Sägeblätter für Holz in Bastelgeschäften oder Baumärkten.

Die Bohrmaschine
Sie muss das Bohren mit hohen Drehzahlen ermöglichen, um ein Ausreißen der Bohrränder zu vermeiden. Verwenden Sie einen Bohrständer, damit die Figuren später gerade auf den Bodenplatten stehen.

Die Bohrer
Holzbohrer gibt es von 4 mm bis 14 mm Durchmesser. Bohrer von 15 mm bis 35 mm Durchmesser findet man unter der Bezeichnung Forstnerbohrer. Nach 40-mm-Bohrern für die Teelichter fragen Sie am besten in einer Tischlerei.

Die Pinsel
Für die Laubsägearbeiten sind einfache Borsten- oder Naturhaarpinsel zweckmäßig. Zunächst reichen zwei Größen, etwa 5 und 12. Für das Malen der Gesichter eignen sich Synthetik- oder Marderhaarpinsel der Größe 2 oder 3. Stellen Sie die Pinsel nach dem Ausspülen immer mit den Pinselhaaren nach oben in ein Gefäß. Pinsel erhalten Sie in Bastelgeschäften, Farbenfachgeschäften und teilweise auch in Baumärkten.

Übertragen der Vorlagen

Um eine plastische Wirkung zu erzielen, wird das in der Materialliste zuerst genannte Sperrholzteil bei den meisten Figuren doppelt benötigt und aufeinander geleimt. Verwenden Sie zum Zusammenpressen Schraubzwingen. Wer keine Dekupiersäge hat, kann die Modelle auch in einfacher Materialstärke mit einer Handlaubsäge arbeiten. Lediglich den Fuß bzw. das Unterteil der Figur sollten Sie dann noch einmal aussägen und deckungsgleich auf das Motiv leimen, damit das Modell mit einer größeren Auflagefläche auf der Bodenplatte befestigt werden kann.

① Übertragen Sie das gewünschte Motiv von der Vorlage auf Transparent- oder Butterbrotpapier. Legen Sie die Zeichnung auf das Holz. Dazwischen platzieren Sie ein Kohlepapier mit der färbenden Seite nach unten. Ziehen Sie mit Bleistift alle Linien nach, und vergessen Sie dabei die Markierungen für die Bohrungen und die Innenlinien nicht. Die Kreuze auf der Vorlage stehen für eine Bohrung in die Fläche des Motivs,

die Pfeile geben an, wo seitlich in ein Werkstück hineingebohrt werden muß.

② Sägen Sie alle Motivteile aus. Beim Sägen mit der Handlaubsäge ziehen Sie die Säge von oben nach unten durch das Holz. Die Säge dabei nicht nach vorne drücken, und bei der Aufwärtsbewegung locker führen.

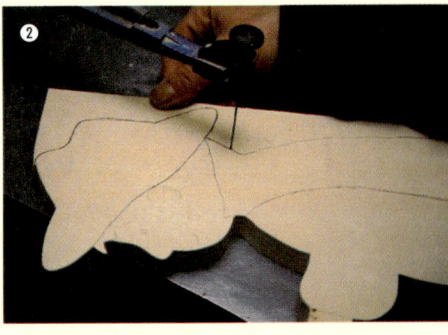

Wenn Sie mit einer Dekupiersäge arbeiten, lesen Sie zuerst die Bedienungsanleitung. Beim Sägen von Winkeln oder engen Kurven den Sägespalt etwas breiter sägen und dann das Holz langsam in die neue Richtung drehen. Oder setzen Sie die Säge an anderer Stelle neu an, und sägen Sie zum ersten Schnitt hin. Einen sehr sauberen Schnitt erhalten Sie, wenn Sie beim Sägen mit der Dekupiersäge etwas Presspappe unter das Holz legen.

③ Platzieren Sie bei durchgehenden Bohrungen immer einen Holzrest unter dem Motiv, um ein Ausfransen der Bohrränder zu verhindern. Die Bohrun-

⑤ Grundsätzlich werden alle Säge-
kanten und Bohrungen mit Schmirgelpapier geglättet. Schmirgeln Sie immer
von der Holzfläche nach außen zur Sä-
gekante hin. Vor dem Bemalen alle Teile
mit einem weichen Pinsel entstauben.

gen in der Bodenplatte sind prinzipiell
durchgehend. Achten Sie jedoch darauf,
dass der Dübel an der Unterseite bündig abschließt, damit die Figur gerade
steht.

④ Die Figuren werden mit Dübeln und
Leim auf den Bodenplatten befestigt.
Für Passgenauigkeit sind Markierungshilfen, so genannte Pinns, sehr nützlich.
Bohren Sie laut Vorlage in die Standfläche, und setzen Sie die Pinns in die
Bohrlöcher. Wenn Sie nun die Figur mit
der Unterkante mittig auf die Pinns
stellen, drückt sich der Dorn der Pinns
in das Holz und kennzeichnet so genau
die Position der Bohrung. Bei Bedarf
kürzen Sie die Dübel etwas ein.

Bemalen Sie immer zuerst die Bodenplatte, und zwar beidseitig. Anschließend gestalten Sie die Figuren nach der
Bildvorlage. Mit Schnur befestigte Arme
bemalen Sie auf beiden Seiten gleich.
Zum Trocknen können Sie die Figuren
mit eingesetzten Dübeln auf die Bodenplatte stellen. Um rote Wangen zu gestalten, legen Sie ein weiches Tuch um
einen Finger, reiben es an einem roten
Wachsmalstift, und tragen die Farbe
mit dem Tuch an der entsprechenden
Stelle auf.

Wichtiger Hinweis

Materialien und Werkzeuge, die immer
wieder benötigt werden, sind in den Anleitungen nicht mehr gesondert aufgelistet.
Ebenso werden einige allgemeingültige
Hinweise in den Anleitungen nicht wieder-
holt. Lesen Sie die vorangegangenen Ab-
schnitte daher sorgfältig durch.

Zwei Männer im Schnee

Vorlagenbogen Seite A
Höhe 54 cm

Fein herausgeputzt haben sich diese zwei lustigen Gesellen.

Das wird gebraucht

Sperrholz (15 mm stark, 28 cm x 50 cm)
Sperrholz (12 mm stark, 17 cm x 26 cm)
Kiefernholz (18 mm stark, 10 cm x 25 cm)
4 Dübel (Ø 8 mm)
Stoffrest, kariert (14 cm x 45 cm)
Paketschnur
Farben in Weiß, Rot, Schwarz, Grün
Lackstift in Gold
Wachsmalstift in Rot
Bohrer (Ø 4 mm und 8 mm)
Zackenschere für Stoff

So wird's gemacht

Sägen Sie die Körper aus 15 mm starkem, die Arme und die Hüte aus 12 mm starkem Sperrholz. Die Arme und die Schultern jeweils an den Markierungen mit einem Bohrer von 4 mm Durchmesser durchbohren. Dann bohren Sie in die Unterkante der Körper mit einem 8-mm-Bohrer jeweils zwei Löcher für die Dübel vor. Diese Bohrpositionen werden mit Hilfe der Pinns auf das Kiefernholz übertragen, so dass die Schneemänner leicht versetzt stehen, und an den entsprechenden Stellen ausgeführt.

Bemalen Sie nun alle Motivteile laut Bildvorlage. Das Karomuster der Hüte wird nachträglich mit goldenem Lackstift auf die in Grün grundierte Fläche aufgemalt. Sind die Farben trocken, leimen Sie die Hüte an die Köpfe, und tragen Sie mit einem weichen Tuch Wangenrot auf. Dann die Arme mit Paketschnur seitlich an den Schultern befestigen. Setzen Sie die Dübel in die Unterkanten der Körper ein, und fixieren Sie die Körper mit Leim auf dem Kiefernholzstück.

Nun noch aus dem Stoffrest mit der Zackenschere zwei Streifen von 7 cm x 45 cm schneiden, und jeweils einem Schneemann als Schal um den Hals binden.

Blumenmädchen

Vorlagenbogen Seite A
Höhe 51 cm

*Fröhlich trägt das Blumenmädchen
den Korb mit schönen Blumen, frisch
vom Markt.*

Das wird gebraucht

Sperrholz (10 mm stark, zweimal 30 cm x
  50 cm und einmal 25 cm x 47 cm)
2 Holzdübel (Ø 8 mm)
Paketschnur
1 Weidenkorb
Farben in Blau, Weiß, Gelb, Schwarz, Grün
Lackstift in Blau
Wachsmalstift in Rot
Bohrer (Ø 4 mm und 8 mm)
Schere

So wird's gemacht

Leimen Sie zuerst die zwei 30 cm x
50 cm großen Sperrholzstücke zu doppelter Materialstärke zusammen. Hieraus sägen Sie den Körper und die Arme.
Die Bodenplatte und das Haarteil arbeiten Sie aus dem 10 mm starken, 25 cm
x 47 cm großen Sperrholzstück. Durchbohren Sie nun die Arme und die Schultern laut Markierungen auf der Vorlage
mit dem 4 mm starken Bohrer. In die
Bodenplatte werden an den Markierungen zwei 8 mm große Löcher für die
Dübel vorgebohrt. Übertragen Sie diese
Bohrungen mit Hilfe der Pinns auf die
Unterkante des Blumenmädchens, und
bohren Sie an den entsprechenden Stellen ebenfalls Löcher vor.

Nun bemalen Sie zuerst die Bodenplatte, dann die Haare, den Körper und die
Arme laut Bildvorlage. Für das Muster
auf dem Kleid verwenden Sie den Lackstift, für die Bäckchen roten Wachsmalstift. Sind die Farben trocken, wird das
Haarteil an den Kopf geleimt und der
Hinterkopf in der Haarfarbe bemalt.

Die Arme binden Sie mit jeweils einem
Stück Paketschnur an den Körper. Dann
die Dübel einsetzen und das Mädchen
auf die Bodenplatte leimen. Bepflanzen
Sie den Weidenkorb mit Natur- oder
Kunstblumen, und hängen Sie ihn mit
dem Henkel über den Arm des Blumenmädchens.

Fleißiger Hase

Vorlagenbogen Seite B
Höhe 51 cm

*Hoffentlich hat der Bauer den frechen
Möhrendieb nicht gesehen!*

Das wird gebraucht

Sperrholz (10 mm stark, zweimal 30 cm x
  50 cm und einmal 46 cm x 58 cm)
1 Holzrad (Ø 80 mm, 4 mm Bohrung)
2 Holzdübel (Ø 8 mm)
Rundholz (Ø 4 mm, 10 cm lang)
Farben in Gelb, Grün, Blau, Orange, Rosa,
  Braun, Schwarz
Paketschnur
Bohrer (Ø 4 mm und 8 mm)
Schere

So wird's gemacht

Leimen Sie die beiden 30 cm x 50 cm
großen Sperrholzstücke zusammen,
und arbeiten Sie daraus den Hasen und
zwei Arme. Die Bodenplatte, die Teile
für die Schubkarre, drei ganze und eine
halbe Möhre werden aus dem 10 mm

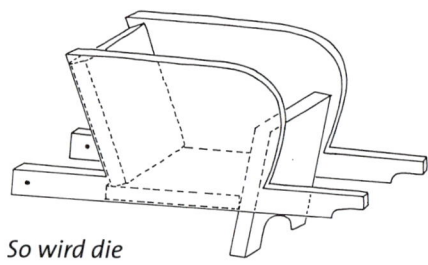

*So wird die
Schubkarre zusammengesetzt.*

starken, 45 cm x 58 cm großen Sperrholzstück gesägt. Durchbohren Sie mit
einem 4-mm-Bohrer die Arme und den
Körper laut Vorlage, ebenso die Seiten-
teile der Schubkarre für die Radachse.
Die Hände und die Schubkarrengriffe
bohren Sie jeweils in den Stirnseiten
mit 4 mm Durchmesser vor. An den
Markierungen in der Bodenplatte werden zwei 8 mm große Löcher für die
Dübel vorgebohrt, und mit Pinns auf die
Fußsohle des Hasen übertragen. Dort
die Bohrungen ebenfalls ausführen.

Leimen Sie nun die Schubkarre zusammen. Befestigen Sie dazu das Bodenteil
(B) zwischen den Unterkanten der Sei-
tenteile (A). Darauf wird an die Vor-
derseite das Teil (C) bündig zwischen
den Seitenteilen aufgesetzt. Das
rückwärtige Teil (D) wird nach unten
versetzt vor das Bodenteil geleimt.
Die Skizze zeigt Ihnen, wie es geht.

Bemalen Sie alle Motivteile laut Abbildung, und lassen Sie die Farben trocknen. Dann binden Sie die Arme mit
Paketschnur an den Körper. Setzen Sie
die Dübel ein, und leimen Sie den Hasen
auf die Bodenplatte, ebenso die halbe
Möhre.

Sägen Sie vom Rundholz 7 cm ab, und
schieben Sie es von der Seite durch die
Bohrung an einem vorderen Ende der
Schubkarre, das Rad aufstecken und bis in
die zweite Seite schieben. An den Griffen
wird sie mit zwei jeweils 1 cm langen Ab-
schnitten des Rundholzes mit den Hän-
den des Hasen verbunden. Zum Schluss
die Möhren in die Schubkarre legen.

Gärtner bei der Arbeit

Vorlagenbogen Seite C
Höhe 43 cm

Eine stolze Blüte ist sicher das größte Gärtnerglück.

Das wird gebraucht

Sperrholz (10 mm stark, zweimal 22 cm x
  42 cm, einmal 22 cm x 35 cm)
Holzleiste (0,5 cm x 2 cm, 150 cm lang)
Rundholz (Ø 20 mm, 45 cm lang)
Rundholz (Ø 5 mm, 30 cm lang)
2 Holzdübel (Ø 8 mm)
2 Holzperlen (Ø 20 mm, 5 mm Bohrung)
Kuschelvlies (20 cm x 28 cm)
Farben in Blau, Gelb, Rot, Grün, Schwarz,
  Braun
Wachsmalstift in Rot
Bohrer (Ø 5 mm und 8 mm)
Schere
Klebstoff
Lineal

So wird's gemacht

Leimen Sie die zwei 22 cm x 42 cm großen Sperrholzstücke aufeinander. Hieraus sägen Sie den Gärtner. Die drei Blüten und die Bodenplatte werden aus 10 mm starkem Sperrholz gesägt.

In die Hand des Gärtners und in die Blüten laut Vorlage mit dem 5-mm-Bohrer etwa 1 cm tief vorbohren. Versehen Sie die Bodenplatte mit allen eingezeichneten Bohrungen; die Durchmesseran-gaben entnehmen Sie der Vorlage. Nun übertragen Sie mit den Pinns die beiden 8-mm-Bohrungen auf die Schuhsohle des Gärtners, und führen auch hier die Bohrungen aus.

Für den Zaun das Rundholz mit 20 mm Durchmesser halbieren und beide Stücke jeweils an den vier Stirnseiten mit dem 5-mm-Bohrer vorbohren. Dann sägen Sie von dem Rundholz mit 5 mm Durchmesser zwei 4 cm und zwei 2 cm lange Stücke ab. Mit den 4 cm langen Stücken befestigen Sie zwei Perlen auf jeweils einem Ende der dickeren Rund-hölzer. Die beiden 2 cm langen Stücke werden als Dübel in das andere Ende geleimt.

Von der Holzleiste fünf 21 cm lange Stücke absägen und auf einer Seite spitz zusägen. Zwei 22,5 cm lange Leis-tenabschnitte dienen als Querlatten.

Leimen Sie die Leisten und Rundhölzer laut Abbildung zum Zaun zusammen. Der Abstand zwischen den Bohrungen in den unteren Enden der seitlichen Rundhölzer soll etwa 18,5 cm betragen. In die Blüten leimen Sie jeweils ein 6 cm langes Stück von dem Rundholz mit 5 mm Durchmesser.

Bemalen Sie alle Motivteile laut Abbil-dung. Mit dem Wachsmalstift tragen Sie das Wangenrot auf. Nach dem Trock-nen der Farben kleben Sie das Kuschel-vlies auf die Oberseite der Bodenplatte; überstehende Ränder mit der Schere abschneiden. Mit der Scherenspitze das Vlies von unten an den Bohrungen durchstechen. Dann alle Teile auf die Bodenplatte leimen und eine Blume in der Hand des Gärtners fixieren. Wenn Sie möchten, können Sie die zweite Blume auch außerhalb der Bodenplatte, z.B. direkt ins Blumenbeet stecken.

Es ist serviert!

Vorlagenbogen Seite B/C
Höhe 44 cm

*Freundlich und diskret bedient der
Butler bei Tisch oder nimmt Ihnen
allerlei Kleinigkeiten ab.*

Das wird gebraucht

Sperrholz (10 mm stark, zweimal 24 cm x
43 cm, einmal 21 cm x 44 cm)
2 Holzdübel (Ø 8 mm)
Rundholzrest (Ø 5 mm)
Schleifenband in Rot (30 cm lang)
Farben in Weiß, Rot, Schwarz, Gold, Gelb
Bohrer (Ø 5 mm und 8 mm)
Evtl. Schere

So wird's gemacht

Zuerst leimen Sie die beiden 24 cm x
43 cm großen Sperrholzstücke aufeinander und sägen daraus den Butler.
Die Bodenplatte und das Tablett arbeiten Sie aus dem 10 mm starken, 21 cm x
44 cm großen Sperrholzstück. Dann die
Hand des Butlers und das Tablett mit
dem 5-mm-Bohrer an den Markierungen vorbohren. Die Bodenplatte erhält
mit dem 8-mm-Bohrer die Bohrungen

für die Dübel. Übertragen Sie die Bohrungen mit Hilfe von Pinns auf die Schuhsohle des Butlers, und bohren Sie dort ebenfalls zwei 8-mm-Löcher.

Nun bemalen Sie die Bodenplatte in Rot, das Tablett in Gold. Den Butler gestalten Sie nach der Bildvorlage oder nach Ihren eigenen Vorstellungen.

Wenn die Farben getrocknet sind, fixieren Sie den Butler mit Dübeln und Leim auf der Bodenplatte. Ein 1,5 cm langer Rundholzrest wird als Verbindungsdübel in die Bohrungen im Tablett und in der Hand des Butlers eingeleimt.

Zum Schluss binden Sie noch das rote Schleifenband um den Haarzopf – fertig ist der stumme Diener.

● Tipp ●

Zu einem ganz persönlichen Geschenk werden diese Figuren, wenn Sie an ihnen das Hobby oder den Beruf des Beschenkten darstellen. Wandeln Sie die Bemalung entsprechend ab und fügen Sie passende Accessoires hinzu: einen Briefträger mit einem Beutel voll Post, einen Koch mit Mütze und Kochlöffel.

Der Nachtwächter

Vorlagenbogen Seite C
Höhe 43 cm (ohne Laterne)

Er leuchtet uns heim, ob auf der Fenster-bank oder vor der Tür.

Das wird gebraucht

Sperrholz (10 mm, zweimal 32 cm x 42 cm,
   einmal 20 cm x 28 cm)
4 Holzdübel (Ø 8 mm)
Rundholz (Ø 10 mm, 43 cm lang)
Farben in Schwarz, Braun, Blau, Grün,
   Gelb, Rot
Tonkarton in Schwarz (28 cm x 35 cm)
Transparentpapier in Gelb (8 cm x 30 cm)
1 Teelicht
Bohrer (Ø 8 mm und 10 mm)
Schere/Cutter
Alleskleber
Lineal

So wird's gemacht

Leimen Sie die beiden 32 cm x 42 cm großen Sperrholzstücke zusammen, und sägen Sie daraus den Nachtwäch-ter und den Hund. Die Bodenplatte schneiden Sie aus dem 20 cm x 28 cm großen Sperrholzstück.

Die Hand des Nachtwächters wird an der Markierung mit dem 10-mm-Bohrer durchbohrt. In der Bodenplatte bohren

Sie laut Vorlage die 8-mm-Dübel für den Nachtwächter und den Hund vor. Diese Bohrungen werden mit Hilfe von Pinns jeweils auf die Unterseite der Figur übertragen und dort ebenfalls vorgebohrt.

Das Rundholz in die Hand des Nacht-wächters bis zum Boden schieben und auf die obere Stirnseite einen 2 cm x 2 cm großen Sperrholzrest leimen. Dann alle Motivteile bemalen und nach dem Trocknen auf der Bodenplatte befesti-gen.

Für die Laterne schneiden Sie das Later-nenteil A aus schwarzem Tonkarton aus. Die vier trapezförmigen Innenflächen werden mit dem Cutter ausgeschnitten, die dadurch entstehenden offenen Flächen mit jeweils einem Stück gelbem Transparentpapier hinterklebt. Knicken Sie dann alle Tonkartonflächen entlang der gestrichelten Linien um. Das geht am besten, wenn Sie die Linien vorher mit dem Cutter leicht anritzen. An den Klebeflächen die Seite und den Boden schließen. Dann Teil B ausschneiden, den Innenkreis herausarbeiten, und das Quadrat über die obere Öffnung der Laterne kleben. Die fertige Laterne fixie-ren Sie auf dem Holzquadrat am Ende des Stabes. Zum Schluss das Teelicht einsetzen.

● Tipp ●

Lassen Sie brennende Kerzen nie-mals unbeaufsichtigt.

Anglerglück?

Vorlagenbogen Seite A/C
Höhe 61 cm

*Nein, wohl eher Anglerpech! Jedoch:
Hängt der Schuh an der Angel, freut
sich der Fisch.*

Das wird gebraucht

Sperrholz (10 mm stark, zweimal 22 cm x
   42 cm, einmal 32 cm x 34 cm)
Rundholz (Ø 8 mm, 32 cm lang)
Holzpalisade (Gartenbaumarkt, Ø 75 mm,
   30 cm lang)
4 Holzdübel (Ø 8 mm)
Paketschnur
1 kleiner Nagel
Farben in Gelb, Rot, Blau, Grün, Braun,
   Schwarz
Bohrer (Ø 4 mm und 8 mm)
Hammer
Schere
Klebstoff

So wird's gemacht

Leimen Sie die beiden Sperrholzstücke
mit 22 cm x 42 cm zu doppelter Materialstärke zusammen. Hieraus sägen Sie
den Angler. Die Bodenplatte, den Schuh,
den Fisch und das 5 cm x 11 cm große
Holzschild sägen Sie aus dem 10 mm
starken, 32 cm x 34 cm großen Sperrholz.

Die Hand des Anglers laut Vorlage mit
dem 8-mm-Bohrer ganz durchbohren.
In den Po des Anglers werden zwei
8-mm-Bohrungen für die Dübel vorgebohrt, mit Pinns auf eine Stirnseite der

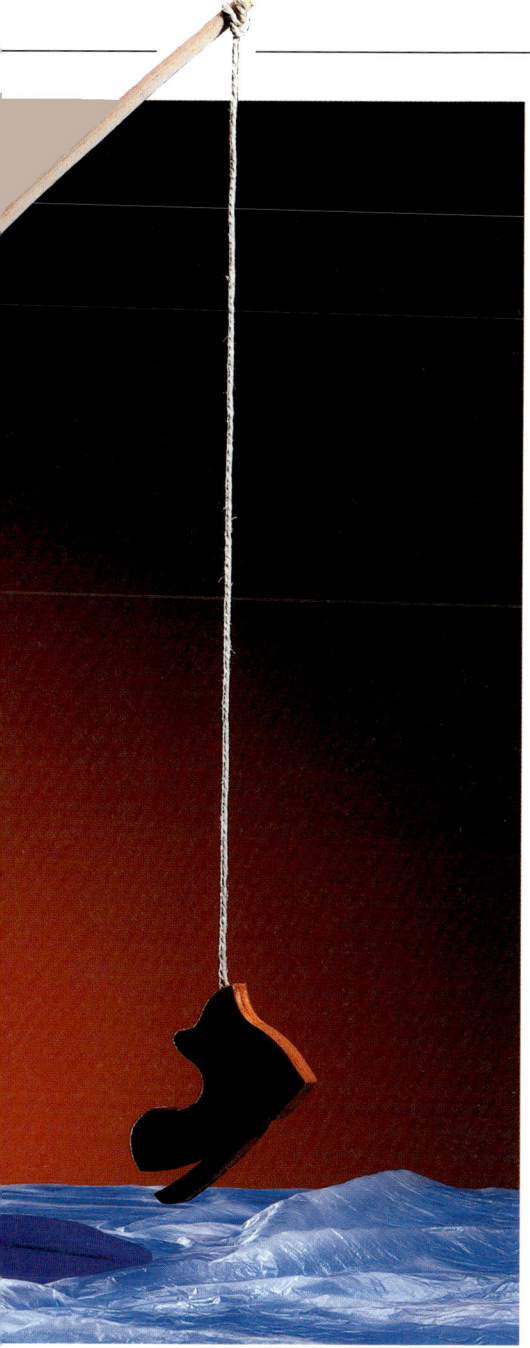

Holzpalisade übertragen und dort ausgeführt. Zwei weitere 8-mm-Bohrun-
gen führen Sie in der Bodenplatte aus.
Diese übertragen Sie auf die andere
Stirnseite der Holzpalisade und bohren
die Löcher ebenfalls vor.

Den Schuh mit dem 4-mm-Bohrer an
der Markierung etwa 1 cm tief bohren.
Das Schild versehen Sie in der Ober-
kante einer langen Seite mit zwei
4-mm-Löchern für die Schnur. Achten
Sie dabei auf gleiche Randabstände.
Nun können Sie alle Motivteile bemalen
und das Schild beschriften.

Sind die Farben trocken, leimen Sie den
Angler seitlich zum Nagel auf die Palisade, die Unterseite der Palisade und den
Fisch auf die Bodenplatte. Bringen Sie
an der Palisade 4 cm unter der Oberkan-
te einen kleinen Nagel an.

Knoten Sie ein etwa 58 cm langes Stück
Paketschnur um das Ende des Rundholzes, und fixieren Sie den Knoten mit
Klebstoff. Das andere Schnurende kleben Sie in die Bohrung am Schuh. Dann
geben Sie dem Angler die Angel in die
Hand. Zum Schluss die Enden einer
10 cm langen Paketschnur in die Bohrungen des Schildes einkleben und das
Schild am Nagel aufhängen.

> ● **Tipp** ●
>
> Lassen Sie die Bodenplatte weg, und
> verwenden Sie eine längere Palisade.
> Dann können Sie den Angler direkt
> am Teichufer aufstellen.

Engel, Engel, Weihnachtsengel

Vorlagenbogen Seite A/B
Höhe 50 cm

*Im Lichterschein der Kerze lächelt dieser
festliche Engel uns freundlich zu.*

Das wird gebraucht

Sperrholz (10 mm stark, zweimal 43 cm x
  46 cm, einmal 40 cm x 51 cm)
2 Holzdübel (Ø 8 mm)
Satinband in Gelb (4 mm breit, 110 cm lang)
Farben in Weiß, Gelb, Schwarz, Gold, Rot
Lackstift in Gold
Juteband in Hellbraun
1 Christbaumkerze
1 Weihnachtssternblüte
1 kleine Ranke
Bohrer (Ø 5 mm, 8 mm und im gleichen
  Durchmesser wie die Kerze)
Schere
Heißkleber

So wird's gemacht

Leimen Sie die beiden 43 cm x 46 cm
großen Sperrholzstücke zu doppelter
Materialstärke zusammen, und sägen
Sie hieraus den Körper und die Arme
des Engels. Zusätzlich arbeiten Sie ein
5 cm x 12,5 cm großes Rechteck. Den
Stern und die beiden Flügel sägen Sie
aus dem 10 mm starken, 40 cm x 51 cm
großen Holzstück.

Bohren Sie am Kopf laut Vorlage zwei
5 mm große Löcher zur Befestigung der
Haare. Mit dem gleichen Bohrer führen
Sie zur Befestigung der Flügel zwei Bohrungen in der Mitte des Oberkörpers
und jeweils zwei Bohrungen am Flügel
aus. Der Stern wird laut Vorlage für die
Dübel mit dem 8-mm-Bohrer vorgebohrt. Übertragen Sie die Bohrpositionen mit Hilfe der Pinns auf die Unterkante des Engels, und führen Sie die
Bohrungen dort aus. In die Mitte des
rechteckigen Holzstücks bohren Sie eine
Vertiefung für die Kerze.

Leimen Sie zunächst die Arme seitlich
an den Körper und das rechteckige
Holzstück mit der Lochöffnung nach
oben zwischen die Hände. Nun können
Sie alle Motivteile bemalen. Für das
Muster auf dem Kleid verwenden Sie
den Lackstift.

Ist die Farbe trocken, werden die Flügel,
wie auf der Abbildung zu sehen, mit
dem Satinband am Körper fixiert. Für
die Frisur schneiden Sie von dem Juteband einige 24 cm lange Stücke. Die-

*So werden die Flügel
an den Engelskörper gebunden.*

se werden vorne als Pony und hinten herunterhängend über dem Kopf aufgeklebt. Weitere Stücke von 40 cm Länge legen Sie quer über den Kopf, und binden sie mit einem Juteband fest, das Sie durch die Bohrungen ziehen. Probieren Sie ein wenig, bis Ihnen die Frisur gefällt.

Nun leimen Sie den Engel auf den Stern. Dann befestigen Sie mit Heißkleber noch die kleine Ranke und die Blüte auf dem Kerzenbrettchen, und stecken die Kerze in die Vertiefung.

Nikolaus kommt ins Haus

Vorlagenbogen Seite D
Höhe 46 cm

Hier zeigt der Nikolaus, wo es langgeht, damit die Geschenke auch an die richtige Adresse kommen.

Das wird gebraucht

Sperrholz (10 mm stark, zweimal 28 cm x
  45 cm, einmal 18 cm x 21 cm)
Kiefernholz (18 mm stark, 10 cm x 24 cm)
2 Holzdübel (Ø 8 mm)
Blumenbindedraht
Farben in Weiß, Rot, Grün, Schwarz
Lackstift in Gold
Wachsmalstift in Rot
Bohrer (Ø 4 mm und 8 mm)
Seitenschneider

So wird's gemacht

Zuerst werden die beiden 28 cm x 45 cm großen Sperrholzstücke aufeinander geleimt. Sägen Sie daraus die Arme, den Körper und den Mützenbommel. Den Schnurrbart und den Mantelsaum arbeiten Sie aus dem 10 mm starken, 18 cm x 21 cm großen Sperrholzstück.

Mit dem 4-mm-Bohrer werden laut Vorlage in die Arme, den Körper und den Bommel die Löcher zur Befestigung gebohrt. Bohren Sie dann in der Unterseite des Nikolauskörpers zwei 8 mm große Löcher für die Dübel vor. Diese Bohrungen werden mit Hilfe von Pinns mittig auf das Kiefernholz übertragen und dort ebenfalls ausgeführt.

Bemalen Sie alle Motivteile wie auf der Abbildung zu sehen. Mit dem Lackstift werden die Verzierungen auf dem Bart, dem Schnurrbart, dem Mantel und dem Bommel gestaltet. Die Bäckchen und die Nasenspitze färben Sie mit rotem Wachsmalstift.

Ist die Farbe trocken, werden der Schnurrbart und der Mantelsaum auf den Körper geleimt.

Befestigen Sie zum Schluss die Arme und den Bommel mit Blumenbindedraht am Körper. Dann den Nikolaus mit Dübeln und Leim auf dem Kiefernholz befestigen.

• Tipp •

An seinem ausgestreckten Arm kann der Nikolaus auch eine dekorative Laterne tragen.

Elch-Fest

Vorlagenbogen Seite D
Höhe 48 cm mit Schild

... statt Elch-Test. Ein schöner Gruß zum schönsten Fest des Jahres!

Das wird gebraucht

Sperrholz (10 mm stark, zweimal 26 cm x
  34 cm, einmal 17 cm x 20 cm)
Kiefernholz (18 mm stark, 10 cm x 26 cm)
Rundholz (Ø 14 mm, 35 cm lang)
1 Holzkugel (Ø 45 mm, 6-mm-Bohrung)
2 Holzdübel (Ø 8 mm)
2 Holzdübel (Ø 6 mm)
Schleifenband (kariert, 10 mm breit,
  70 cm lang)
Satinband in Rot (4 mm breit, 50 cm lang)
Farben in Braun, Weiß, Rot, Schwarz
Bohrer (Ø 6 mm, 8 mm und 14 mm)
Schere
Maßband

So wird's gemacht

Leimen Sie zunächst die beiden 26 cm x 34 cm großen Sperrholzstücke aufeinander, und sägen Sie daraus den Elch. Das runde Schnauzenteil arbeiten Sie noch einmal aus der 17 cm x 20 cm großen Sperrholzplatte, außerdem ein 6,5 cm x 20 cm großes Rechteck.

Nun bohren Sie in der Standfläche des Elchkörpers zwei 8 mm große Löcher für die Dübel vor. Übertragen Sie die Bohrungen mit Hilfe der Pinns mittig auf das Kiefernholz, und bohren Sie dort zwei weitere 8 mm große Löcher. Messen Sie dann von der seitlichen Kante des Kiefernholzes zur Mitte 6 cm und 2 cm von der rückwärtigen Kante aus. Hier bohren Sie für das Rundholz leicht schräg ein 14 mm großes Loch.

Das Rundholz wird an einer Stirnseite mit dem 6-mm-Bohrer vorgebohrt, ebenso das Schild in der Mitte einer langen Seite. Dann befestigen Sie mit den 6-mm-Dübeln zuerst die Kugel auf dem Ende des Rundholzes, dann das Schild über der Kugel.

Bemalen Sie alle Motivteile wie auf dem Bild zu sehen. Wenn Sie das Braun für den Elch mit Wasser verdünnen, scheint die Holzmaserung hübsch durch. Anschließend leimen Sie das runde Schnauzenteil deckungsgleich auf die Schnauze des Elchs und bemalen es ebenfalls.

Nach dem Trocknen der Farben wird der Elch mit Dübeln und Leim auf dem Kiefernholz fixiert. Befestigen Sie dann ein Ende des roten Satinbandes mit einem Tropfen Leim direkt unterhalb der Holzkugel an dem Rundholz. Von dort aus wickeln Sie das Band spiralförmig um den Rundholzstab nach unten, und leimen das Bandende mit dem Stab zusammen in die Bohrung des Kiefernholzes.

Zum Schluss dem Elch das karierte Schleifenband um den Hals binden.

Wer schaut denn da hervor?

Vorlagenbogen Seite A
Höhe 52 cm

Vorsichtig schauen die Rentiere hinter der Tanne hervor. Ist schon wieder Weihnachtszeit?

Das wird gebraucht

Sperrholz (10 mm stark, 35 cm x 53 cm)
2 Holzdübel (Ø 6 mm)
2 Holzperlen in Rot (Ø 12 mm)
kleine, verästelte Zweige
Lichterkette mit 10 Lämpchen
Farben in Grün, Braun, Schwarz, Weiß
Bohrer (Ø 5 mm, 6 mm und im gleichen
  Durchmesser wie die Halterungen
  der Lichterkette)
Messer

So wird's gemacht

Die Tanne, die Bodenplatte je einmal und den Rentierkopf viermal aus 10 mm dickem Sperrholz aussägen. Dann die Tanne an der unteren Kante mit dem 6-mm-Bohrer für die Dübel vorbohren, die Bohrungen auf die Bodenplatte übertragen und dort ebenfalls vorbohren.

Messen Sie nun den Durchmesser der Halterungen Ihrer Lichterkette. Mit dem entsprechenden Bohrer werden an den Markierungen auf der Tanne Löcher gebohrt. Für das Geweih bohren Sie ebenfalls laut Vorlage mit dem 5-mm-Bohrer jeweils ein etwa 1 cm tiefes Loch in die Rentierköpfe.

Nun können Sie alle Motivteile bemalen. Verdünnen Sie die braune Farbe für die Rentierköpfe mit etwas Wasser, so dass die Holzmaserung durchscheint.

Die Perlen werden mit einem scharfen Messer halbiert und als Nasen auf die Rentierköpfe aufgeleimt. Platzieren Sie die Rentierköpfe auf der Tanne, und leimen Sie diese mit eingesetzten Dübeln auf die Bodenplatte. Schneiden Sie dann kleine Zweige mit Verästelungen zurecht, und leimen Sie diese als Geweihe in die Bohrungen der Rentierköpfe.

Zum Schluss noch die Lämpchen der Lichterkette von der Rückseite aus in die Bohrungen in die Tanne stecken.

● Tipp ●

Für die Fensterbank sieht es besonders schön aus, wenn Sie den Baum beidseitig gestalten. Vergrößern Sie dafür die Grundplatte, und arbeiten Sie alle übrigen Teile in doppelter Anzahl. Zwischen den beiden Tannen, die parallel zueinander auf die Bodenplatte geleimt werden, muss ausreichend Platz sein, um die Lichterkette (20 Lichter) einzusetzen.

Fröhliche Weihnachten

Vorlagenbogen Seite D
Höhe 43 cm

Dieser kleine Engel weist mit seinem Licht bestimmt dem Christkind den Weg.

Das wird gebraucht

Sperrholz (10 mm stark, zweimal 32 cm x 42 cm)
2 Holzdübel (Ø 8 mm)
Kiefernholz (18 mm stark, 7 cm x 19 cm)
Farben in Rot, Gelb, Schwarz, Gold
Lackstift in Gold
1 Teelicht
Bohrer (Ø 8 mm und 40 mm)
Evtl. Heißkleber

So wird's gemacht

Leimen Sie die beiden Sperrholzstücke aufeinander, und übertragen Sie darauf den Engel und den Stern.

Bohren Sie dann zuerst die 40 mm große Vertiefung für das Teelicht in den Stern. Befestigen Sie dazu das Sperrholzstück unbedingt mit Schraubzwingen auf der Arbeitsfläche, und senken Sie den Bohrer langsam ab.

Anschließend können Sie beide Motivteile aussägen. Bohren Sie nun an der Fußsohle mit dem 8-mm-Bohrer zwei Löcher vor, und übertragen Sie diese mit Pinns mittig auf das Kiefernholz. Führen Sie die Bohrungen auch im Kiefernholz aus.

Bemalen Sie den Engel wie es die Abbildung zeigt. Wenn die Farben trocken sind, können Sie mit dem Lackstift das Muster auf dem Kleid und im Haar gestalten. Dann wird der Engel mit Dübeln und Leim auf dem Kiefernholz befestigt. Zum Schluss fixieren Sie den Stern mit Leim oder Heißkleber auf der Hand, und setzen das Teelicht ein.

Tipp: Anstatt des Teelichtes kann der kleine Engel auch eine Weihnachtsbaumkerze tragen. Bohren Sie dazu einfach entsprechend dem Durchmesser eine Vertiefung in den Stern.

• Tipp •

Eine schöne Weihnachtsdekoration erhalten Sie, wenn Sie zu dem Engel noch die Tanne mit Rentieren oder den Elch stellen.

Kreative Freizeit & Wohnen

Basteln & Dekorieren

Handwerken & künstlerisches Gestalten

Malen & Zeichnen

Handarbeiten

Einrichten & Wohnen

Kochen & Genießen

Food 'n' Fun

Internationale Küche

Früchte & Gemüse

Backfreuden & Desserts

Lebensart

AUGUSTUS

Ideen muss man haben

Gartenpraxis im Wandel der Jahreszeiten

Gartengestaltung

Zimmerpflanzen

Aufzucht & Pflege von Heimtieren

Garten & Heimtier

Grundkurse, Lehrbücher & Workshops für Einsteiger, Fortgeschrittene und Profis

Meisterfotografen

Natur, Reise & Porträt

Schwarzweiß

Studio, Labor & Präsentation

Fotografie

Die Deutsche Bibliothek – CIP-Einheitsaufnahme

Riesengroße Laubsägearbeiten : mit Vorlagenbogen / Marion Dawidowski. –
Augsburg : Augustus-Verl., 1999 (Ideenkiste)
  ISBN 3-8043-0676-4

Das Werk einschließlich aller seiner Teile ist urheberrechtlich geschützt. Jede Verwertung außerhalb des Urhebergesetzes ist ohne Zustimmung des Verlages unzulässig und strafbar. Das gilt insbesondere für Vervielfältigungen, Übersetzungen, Mikroverfilmungen und die Einspeicherung und Verarbeitung in elektronischen Systemen.

Die im Buch veröffentlichten Ratschläge wurden von Verfasserin und Verlag sorgfältig erarbeitet und geprüft. Eine Garantie kann dennoch nicht übernommen werden. Ebenso ist die Haftung der Verfasserin bzw. des Verlages und seiner Beauftragten für Personen-, Sach- und Vermögensschäden ausgeschlossen.

Jede gewerbliche Nutzung der Arbeiten und Entwürfe ist nur mit Genehmigung von Verfasserin und Verlag gestattet.

Fotografie: Klaus Lipa, Ausgburg,
Seite 4 bis 7: Marion Dawidowski
Lektorat: Katja Rötzer, München
Umschlagkonzeption: Kontrapunkt, Kopenhagen
Umschlaglayout: Andreas Bernhard
Reihenkonzeption: Kontrapunkt, Kopenhagen
Layout: Anton Walter, Gundelfingen

AUGUSTUS VERLAG, München 2000
© Weltbild Ratgeber Verlage GmbH & Co. KG.

Satz: Gesetzt aus 9,5 Punkt The Sans von DTP-Design Walter, Gundelfingen
Reproduktion: GAV Prepress, Gerstetten
Druck und Bindung: Offizin Andersen Nexö, Leipzig

Gedruckt auf 135 g umweltfreundlich chlorfrei gebleichtes Papier.

ISBN 3-8043-0676-4

Printed in Germany